MICRO-APRESENTAÇÃO

Microscopiou o que observiu, então, escreviveu.

Marcelo Soriano, 2011

△△△

EPÍGRAFE

"Foi na esquina comprar cigarros e nunca mais vol-

tou."

Microconto da Mitologia Popular
– Autor Desconhecido

ΔΔΔ

O CONTA ÁTOMOS

As coisas grandes – as astronômicas, as macrocósmicas – não se definiam nunca, então pediu permissão para a torre de controle para divagar na atomosfera.

Ao invés de cortar os pulsos, fez a barba.

O salto quebrou para testar a humildade.

A garota era fogo! Ele, um praticante de pirofagia.

Na paz prostituta do lago, atirei a primeira pedra.

Ela me fazia bem. Orava por mim. Trazia café na cama. Eu só desejava sentir seu calor, como quem olha o sol poente de cima de uma montanha.

Em público, evitava o sincericídio.

Não precisava mais ser criativo, posto que tudo já fosse criado. Restou-lhe apenas a encenação.

O ALÍVIO de OLÍVIA… Duas vogais que mudavam de lugar.

Deletou antes mesmo de digitar.

Salvou o amor num pendrive.

Quebrou a cara com um soco no espelho.

Levantou-se, abriu as cortinas e foi calcinado.

Morreu de não rir.

A inteligência causava muita enxaqueca.

Doce menina se fez bela dona, que se fez linda senhora, que se fez sereno cadáver, que se fez livre pó... E se refez nas tintas de Renoir.

O poeta foi pequeno. E na pele de um pequeno (gigante), ele era um sabiá-que-sabia-assoviá.

Na cidade da ilusão, o caixa eletrônico é um realejo.

Saiu e deixou uma placa na porta: "VOLTO LOUCO!".

Vinha ao meu encontro... Vinho ao meu encontro...

Ela se vestiu lindamente... Só para que eu a desnudasse como quem lapida um diamante.

O 69 terminou em 96.

Monossilábico e minimal, o velho sapo noiteja: Coach... Coach... Cataloft...

Usou o lápis de olho para delinear azul poema.

Linda criança! Lambeu a vidraça para provar o horizonte.

Foi despertado por um balde de água fria. O amor era chuva de verão.

Amigos perfeitos. Homem e mulher. Mas havia uma maçã podre naquele cesto... Chamava-se Desejo.

O homem se apaixonou antes; a mulher depois.

Encontrei-a naquele cinza setembro. E depois de tanto cavar, gritei transtornado: - Ouro!

- Pega a chave de volta. Aparece lá em casa. Põe água nas plantas. Prepara um café. Acorda os teus discos. Tira o pó dos meus olhos.

O velho da madrugada. Levantou e urinou no urinol. Pela manhã, o urinol havia se evaporado; a poça de xixi ainda não.

E no infinito todos colidiram...

Suicidou-se em legítima defesa.

Vendou-me os olhos e me prendeu com algemas no prato do seu velho toca-discos.

A mal amada cabia em qualquer quarto.

Era Maria-Vai-Com-As-Outras, mas, quando nos vimos, as outras se foram, Maria ficou.

Narrava-se o herói dos próprios boatos. E era.

Caçou. Casou. Cansou...

Entre o chapéu e o tapete haveria um cavalheiro.

A psicoterapeuta era uma estátua de ouvir.

Os tiras gays protagonizaram um animado romance policial.

As noites pareciam túneis que nos transportavam de um dia para o outro.

O futuro nunca chegava só o passado que aumentava.

O marido traído era um verdadeiro leão que mugia.

E o amor se foi... Mas quase não doeu, porque amores que se vão são caudas de lagartixa.

O filhinho para um amiguinho: - O papai? Papai é aquele estorvo no meio da sala assistindo TV ao lado da vovó.

- Ops! Aquela não é a vovó, é a mamãe.

Primeiro inventou-se a roda. Um tempo depois, a cama redonda de motel.

O Profeta: revelava o futuro, mas ocultava o passado.

Ponto-e-virgulavou-se.

Caminhou... Caminhou... Não conhecia o caminho,   mas confiava nos sapatos.

Filossofria...

As pandorgas no céu... O vento rebelde... As linhas de pesca tensionadas... Na outra ponta, os meninos eram as iscas...

Arquimedes pediu um ponto de apoio e uma alavanca para mover a Terra. Era um gênio, mas não sabia que a Terra já se movia por si mesma.

Amor antes. Sexo durante. Cigarro depois.

Nos oitenta, a minha datilografia era puro jazz com a ponta dos dedos... E o mais heróico não foi ter vivido esta década, foi ter sobrevivido a ela.

O menino que não sabia amarrar os cadarços era o mesmo homem que, crescido, não conseguia dar o nó na própria gravata.

Não sabia a diferença entre os grilos e as pequenas fadas com soluço.

Paredes não gritaram... O silêncio sim...

Morreu mas continuava online.

Anotou o número do telefone para não telefonar.

Infiel e só. É o preço que pagou por ter traído a si mesmo.

A letra "R" o mandava errar: - Erre!

Anoiteceu... E o dia fugiu pra lua...

Escrevia e não lia para ver se acontecia.

Meu cão e eu, bela dupla! Enquanto um escreve, o outro dorme, enquanto um dorme, o outro brinca de espalhar os sapatos pela casa.

Dízimo: Quando a oferta era de menos, o santo negociava.

O bumerangue desempregou o cachorro. Triste graveto que se buscava sozinho!

Eles se mereciam quando se traiam um com o outro.

Maioridade: o menino parou de crescer e começou a inchar.

Aa Esfinge... uma Ex que finge.

Dormiu sozinho; acordou acompanhado... Não duvidou mais dos sonhos.

Espaçoso e astronáutico... Seria um PNE – Portador de Necessidades Espaciais.

A senha do ouvido era "l-i-n-g-u-a".

Errou. Errou de novo. Errou sem querer. Errou de propósito... Assim se tornou um grande especialista em erros.

Espírito a montante. Alma a jusante. E, no intervalo, um corpo e um rio...

Cantou-me. E dancei.

Alvoreceu... Arvoreceu...

Madrugada... E os vermelhos chegaram invadindo os pretos, desnudando os verdes, amarelando os azuis... Tudo ao som da indústria de pássaros.

Agarrou-se firme nos galhos. Vendaval! (...) E a ave também lutou pela liberdade de não se deixar voar.

Amanheceu... A sinfonia dos grilos deu lugar à dos passarinhos.

Um homem se escondeu de si mesmo... Escondeu-se tão bem, que nunca mais conseguiu se encontrar.

Despintou-se em nu artístico.

Removeu o passado com um tira-manchas.

O sonho do machão mulherengo: uma máquina-de-lavou-tá- novo.

Bebeu todas e não comeu nenhuma.

Ele e ela. Cumprimentaram-se longamente evitando os olhos. Mãos frias, como se já tivessem se modelado na argila doce do pecado.

O desejo sugeria borboletas onde havia pálpebras.

Amém / a mim / assim / amou / amei-o / ao meio

Não sabia beijar, mas sabia passar a lábia.

Apontou o lápis e gritou: - Mãos ao alto!

Suicídio simulado: riscou os pulsos com uma esfe-
rográfica azul.

Instalou uma cerca elétrica em torno de si para se proteger dos lobos casados.

O irresponsável. O inconseqüente. O louco. O problemático... Pois é, virou Pai-Herói.

A esperança do sapo tinha nome: chamava-se beijo-de-princesa.

Orgulhoso, nunca perdia; dava o braço a torcer.

Sob o Chanel Nº 5, a carne de segunda.

O abraço era de urso; as lágrimas, de crocodilo... Mas o beijo era francês.

Liquidificaram-se de mãos dadas para que a morte não os separasse.

E, apaixonados, nos completávamos, como água na concha das mãos; como bolsa térmica na coluna; como xícara de café quase na porta da rua.

A velha senhora tricotava o som da metrópole.

Calçou as sandálias da humildade e ficou invisível.

E eis que a chuva apertou os passos da cidade entardecida.

Depois que conheceu a verdadeira felicidade, o "depois" perdeu a graça.

Passava o dia a sonhar com as estrelas... E a noite a esperar pelo sol.

Nenhuma palavra... Tormenta de silêncios...

O coração acelerado se transformou em maçã ofegante.

E o poeta apaixonado se converteu em açucareiro.

Os botões da laranjeirinha se abriram para o irresis-
tível beija-flor.

As formigas formavam filas para o enterro da alface.

Kabuki: Izumo dança enquanto sonha com a face de lua.

Demorou a acontecer e não aconteceu.

Entre o papel de bobo e o papel de parede, escolheu o papel de presente.

Noite... E o grilo é um incansável afinador de violi-
nos.

- Quando não estás, abraço o teu travesseiro... Ele é o
meu caso extraconjugal.

A lua é aquela ilha no mar escuro da noite.

Em desmomento, despiu-se do relógio... Era hora de parede nua.

Ia e voltava sempre... Era louca como o mar.

O olhar triste do cão refletia o dono que se perdera.

Um raio cortou o céu... Raiz da árvore aguda...

A doença se estabelece. A cura não acontece. – Os doutores não sabem nada do mal da saudade! - reclamou Constantino.

Um íntimo que veio a público... Tão tarde! Foi só um cadáver que emergiu.

Desafinados. Descompassados.   Destrambelhados. Mesmo assim os galos cantaram... e a alvorada aconteceu...

Na ponta da linha, um guri pescador... Na outra ponta - quem há de saber? - um rio que corre suspenso por um fio...

Observando o universo, compreendeu: todos os problemas seriam idênticos; as soluções é que haveriam de ser infinitamente diferentes.

Esquartejou-a separando as sílabas do seu nome.

Deu tudo de si, mas só depois foi informado que aquela vida era só uma simulação.

O trem errado... Outro trem errado... Não havia trens certos na gare dos desiludidos.

Afiei meu machado. Azeitei o meu rifle. Afinei meu violino. Escrevi uma carta. Um guerreiro precisava ser homem que não contasse só com a morte.

- Que língua é a tua, que não fala? - perguntou-me Adelle. Não respondi... Afinal, Adelle haveria de compreender meu triste amor silencioso.

Estátua de pedra... Aproveitou a chuva para chorar...

Dobrou-se em esquinas, o origami de boêmio.

Pasárgada era um caminho sem volta.

Sem um amor, deu só de ódio.

Sonhei com uma luta em que dois corações se batiam...

Enganou a menina. Amou a menina. Confessou-se à menina. Foi embora... A menina devia ser coisa de sua cabeça.

O paraíso se infernizava gradualmente à medida que todos concordavam entre si.

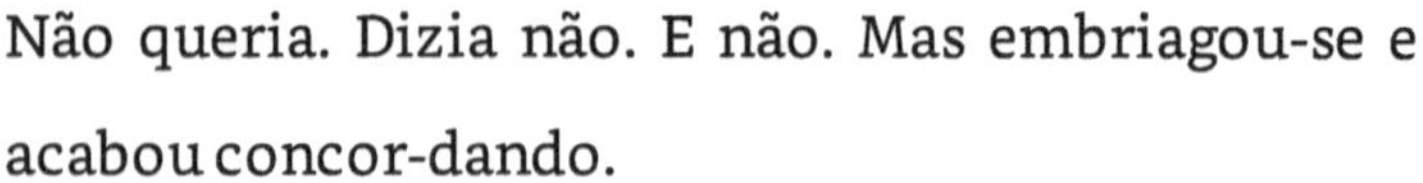

Não queria. Dizia não. E não. Mas embriagou-se e acabou concor-dando.

A verdade não passava de uma armadilha.

Corações... Brincaram com fogo... Molharam a cama.

As lágrimas de amor se converteram em suores de prazer.

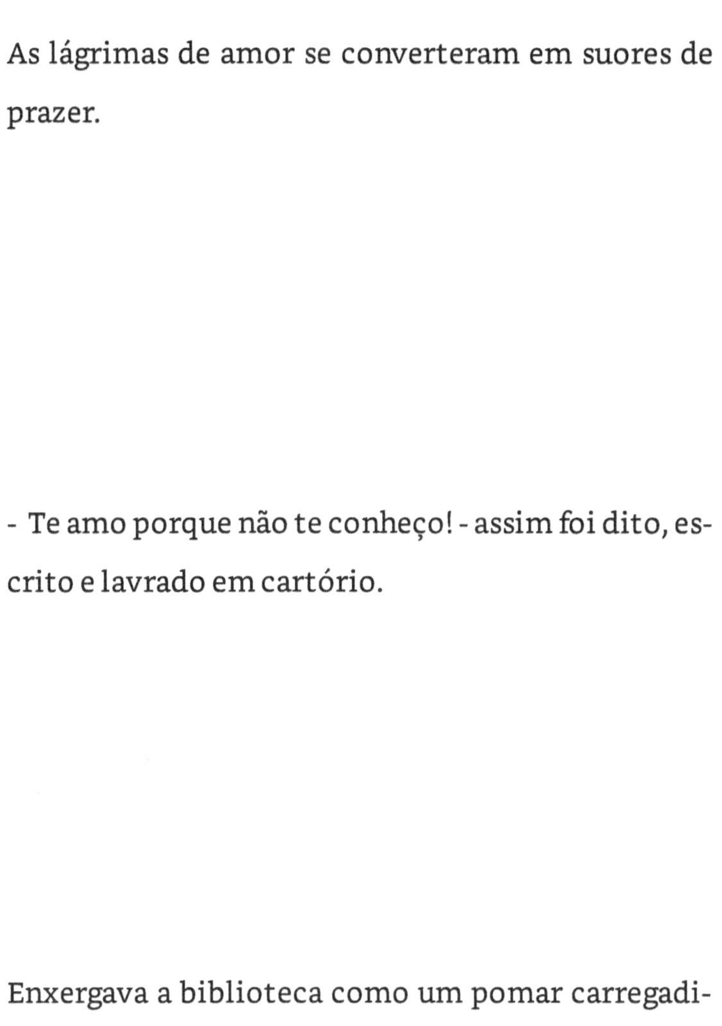

- Te amo porque não te conheço! - assim foi dito, escrito e lavrado em cartório.

Enxergava a biblioteca como um pomar carregadinho de livros.

Sorriu-se. E a boca tomou conta do rosto.

Pela cara, as luas trazem fubá por baixo do glacê.

Não tinha porquês, mas tinha porquens.

Os domingos não foram feitos, foram confeitos.

O brilho, o aroma, a fumaça, o sabor... O assombro mais delicioso que existe é o Fantasma do Café Preto.

Provou o gostinho da liberdade... A liberdade tinha gosto de ventania...

Molhou o beijo nas lágrimas antes de dar para eu experimentar.

Olhou pela primeira vez e disse: - Ah, mar!

Ao descobrir que na morte havia sombra e água fresca, achou melhor ir trabalhar.

Contra a luz, a sombra se arrasta agarrada aos teus pés.

O sábio duvidou, mas não desdenhou.

No canteiro, as flores cantam colorido.

No espelho: Como viu-se / Comoveu-se.

Eram tantas as almas usadas, que o diabo abriu um brechó.

METAMORFOI-SE...

Por acaso, engravidei a memória.

Sobre o cenário da multidão, os perdidamente apaixonados flutuaram como bexigas multicoloridas e se desprenderam do todo em direção ao céu.

Aprendeu: - Para cada aventura uma desventura.

- Diga adeus para o moço! - falou a mulher que me amava. Pensei com os olhos no chão: "Adeus, moço ladrão de mães!".

Uma leitura puxava a outra... A literatura era um trem de viajar para dentro.

No rio da desgraça alheia, os perversos refrescam os pés.

O dia amanheceu de cara feia. E isso lhe imprimiu um ar de tragicomédia.

Nada valeu a pena porque a alma era pequena.

Se fosse de dar, daria. Mas era de pedir, então não tinha coragem.

Ela disse: - Clique aqui! - apontando para o mamilo.

Era um garoto sem dinheiro para comprar livros. Era um garoto capaz de escrever seus próprios livros.

Aprendam com os pássaros o desespero de amanhecer cantando!

Um verdadeiro milagre - um milagre bíblico e assustador - é o do homem que ousou caminhar sobre as mágoas.

Por isso sempre digo: - O bom amante não é aquele que rouba flores do jardim alheio. O bom amante é aquele que oferece o próprio jardim.

O som do vento nas copas das árvores... Tão solene que até os pardais se aninham para ouvir...

Nasceram flores do céu... E verteram chuvas do ventre da terra... E os anjos não precisavam de asas para voar; precisavam apenas de felicidade.

Tempo! Tempo! Velho recém nascido. Um artesão que entalha rugas...

Artista. Redesenhou-se à mão livre...

Entre as paredes da sala de aula, aprendeu a sonhar com recreios.

Um pássaro canta na gaiola. Não. Nem pássaro, nem gaiola. Uma caixinha de música tristonha.

O dois egos eram frágeis, mas, quando se encontraram, fizeram Tim-Tim.

Tudo é muito óbvio. Nada surpreende. Inclusive um cachimbo de pau com fumo bugre que o pé-de-vento deixou cair no torvelinho.

Escrevíamos torto sobre a mesma linha certa... Certo dia, nossos lápis se beijaram.

O amor aconteceu assim, repentinamente, como um ataque cardíaco ao contrário.

A personalidade do palhaço saiu com água.

Em meio à multidão, pensar foi como se transfor-mar numa ilha deserta.

Quando se deparou com o grande amor de sua vida, Deus tornou-se a única explicação possível.

Sonhava ser menos INTELI e mais GENTE.

Deixou o chinelo no meio da rua e foi se encontrar Jesus.

Cresceu menino. E, adulto, adulterou o passado. A gente cresce e se Freud.

A Morte. Pegou a foice... E foi-se.

- Sarava! (...) E Sara foi.

Perdeu-se no deserto; este labirinto sem paredes.

Mais louco que o louco era o séquito.

Simulou gargalhada para coibir as lágrimas que ameaçavam cair.

Entrou na sex-shop e pediu uma harpa que incendiasse Roma.

Despiu-se da alma para transar só com o corpo (e vice-versa).

Morreu dormindo. Melhor, morreu sonhando. Melhor ainda, morreu sem ter de acordar na hora em que o despertador tocasse.

Fechava os olhos para transformar chuva em aplausos.

Por que tanta pressa? Não importa a largura do passo; a idade avança mais depressa.

A obsolescência dos sonhos. E a memória se converteu em ferro-velho de esperanças.

Perdeu tudo, exceto a vida... Um vencedor!

Calava bocas com beijos.

Mulher. Novelo. Novela. Tricô perfeito não fosse o band-aid nos óculos.

Sonhei que o meu travesseiro era o teu colo.

O gato cobiça o passarinho com os olhos. O gato não sonha em voar alto ou saltar árvores; o gato só sonha em matar a fome.

- Vós fizestes de mim um instrumento de vosso escárnio, Pai! - assim zombou de si mesmo o Anjo do Destino... O irônico Anjo de uma asa só.

A menina dos olhos matou a sede na lua.

Meu pai, mão trêmula, não conseguia mais escrever. Ousadamente segurei sua mão e, juntos, escrevemos o mesmo amor que nos trouxe até aqui.

A existência seria um barco furado sobre o rio da morte. A esperança, o navegar que mantém vivos os desesperados por alcançar a margem oposta.

O universo não coube no computador.

Sofria tanto porque vivia pouco.

Vendeu a alma para um atravessador.

Milagre: a mulher despossuída... quando voltou a si, já estava virgem.

Tomado pelo poder do Espírito Santo, beijou em várias línguas.

Ao vento... Deixou-se levar.

Segundo os cristãos, Deus dirigiu "Criação e Queda"; o primeiro longa-metragem mal sucedido do universo.

Compenetrou-se tanto nos estudos do Evangelho   que acordou no Apocalipse.

Um sorriso, meia lua. Outro sorriso, outra meia lua. Dois sorrisos completaram-se em lua cheia.

Mudava de pele. Mudava de mão. Mudava os sapatos. Mudava a paixão. A água do aquário. Os móveis de posição. Mudava tudo. Cabeça. Cabelo. Opinião. Mania. Mama mia! Religião. O olhar. O olhar mudava tudo de lugar. Mudava tudo. Tudo mudava. Só o que não mudava era a vontade de rimar antes de saltar do oitavo andar.

Beijou a pontinha úmida da Língua Portuguesa.

Criou um clima. Fechou as cortinas do apartamento. Acendeu velas aromáticas. Desnudou-se... E ligou para o tele-sexo, antes de se embebedar na banheira.

Matou-se com um ponto final.

Morreu mas continuava online.

A morte do Bisavô: o recorrente urinol matinal transbordante acordou vazio.

A mulher amargurada se desperfumou.

Pagava os seus micos em dia.

O anônimo: ele escrevia bem... mas com tinta invisível.

Democraticamente, foi-lhe dado o poder da livre escolha: - MILITÂNCIA, LIMITÂNCIA ou MARMITÂNCIA?

Tarde abafada. Pelo pátio, as formigas pareciam formar longas caravanas de beduínos negros com bandeirinhas verdes às costas.

Verão: Menino Vento. Parado. A reger cigarras.

Eu vi - a pandorga que voava no céu - ela havia pescado um menino-da-terra!

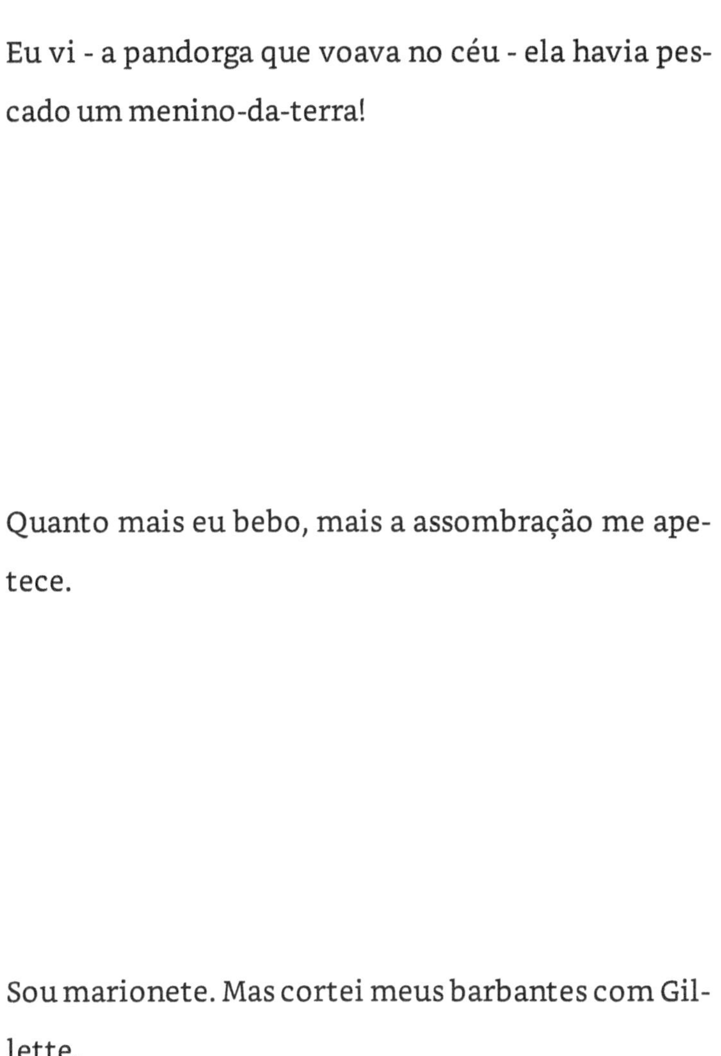

Quanto mais eu bebo, mais a assombração me apetece.

Sou marionete. Mas cortei meus barbantes com Gillette.

A ventania na copa das árvores... Atrasadinho, São Pedro acelera sua lambreta.

Letrinhas coloridas começam a chover no jardim... Precavido, fecho o meu guarda-chuva e perambulo no quintal.

Dormiu operário; acordou poeta.

Esta é a história de uma bactéria que fez strip-tease para o cientista que a espionava pelo buraco da fechadura do microscópio.

Ele pensava que ia, mas na verdade não; ele estava ali parado, pensando que ia, há mais de meio século.

O cupido gastou as flechas que tinha com os outros... E foi descansar sozinho sob a sombra do salgueiro-chorão.

O Ateu: ele era uma aguda e incomodativa agulha perdida no palheiro da manjedoura do Menino Jesus.

Vovó tinha crises de ausência, que se transformavam em lindos panos de prato.

Deus era o meu guia, mas creiam nesta ironia: ele próprio não sabia por qual motivo eu o seguia, ia, ia, ia...

Eram fiéis ao casamento, mas não um ao outro.

Dois escritores se encontraram na livraria; um muito procurado e o outro desconhecido. Não havia títulos deles nos expositores.

O Narciso contemporâneo não conseguiu se apaixonar porque havia muito lixo no lago.

O menino-pandorga voava alto para ver gente de cima... Mas o povo o contemplava como se fosse o deus-passarinho.

O Novato: portava dois dinheiros na manga e cinco idéias na cabeça, que não chegavam ao valor necessário para comprar meio amor.

Um beijo foi enviado para quem não estava... E ficou lá toda a noite, mariposa de estalinhos, a esperar seu destino.

O Contrato de Casamento não mencionava a terceirização do casal.

Roleta-russa: O casamento caiu no dia da TPM.

A Patricinha: quando não dormia de conchinha deitava de telefone.

Era tão maternal que adotou o Acre como terra natal.

Ele esquecia o relógio, toda a vez que saía para namorar.

O Acidente: João e Maria deixaram miolinhos pela estrada... Mas os passarinhos não vieram.

As meias palavras / dela / eram modelo arrastão.

O passarinho perdeu uma pena… mas os dois continuaram voando…

Menina que não sabe beijar, treina com laranja. O menino a beija… Ela prefere a fruta.

O casal protagonizou uma bela história de amor, mas a rotina os transformou em figurantes.

Por pura falta de mediunidade, incorporava o guitarrista toda vez que ouvia rock and roll.

A Cauda: cobiçava o próprio traseiro. Morria de ciúmes. Tanto que não dividia aquele escândalo com mais ninguém.

O Inquilino: não era resíduo tóxico, mas foi despejado e terminou no Tietê.

Começou descascando abacaxi na feira. Terminou com um pepino que mal cabia no fusca.

No princípio era o verbo. E o verbo se fez carne. E inflacionou a mesa do trabalhador.

Como último recurso para tentar se entender, o casal se abraçou em esperanto.

No teatrinho social, não havia vagas para papéis importantes; só restara-lhe uma ponta na figuração: para fazer papel de burro.

Na sala dos mergulhadores, a olhar os trajes de Neoprene nos cabides, o menino lamenta: - Papai é um caçador de guerreiros africanos.

O Operário: trabalhador cansado. Braço forte nacional. Não temia almas penadas; só sentia medo do Departamento Pessoal.

Estava pobre e andava cabisbaixo... Não era tristeza; era vontade de achar moedas perdidas pelo chão.

O menino de rua não sabia ler, mas sabia escrever faz-de- conta no pára-brisa do automóvel.

Para ler melhor o livro dos dias, o poeta fechou os olhos e escancarou o coração...

Adentrou a biblioteca resmungando pelo solado de borracha: "rinch-rinch-rinch...". Quando todos o ignoraram, sacou sua vuvuzela.

Gravidez: a adolescente foi mal na prova. Levou pau na escola. Nove meses de castigo e um bebê no boletim.

Preferia massa cinzenta porque não continha car-
boidratos.

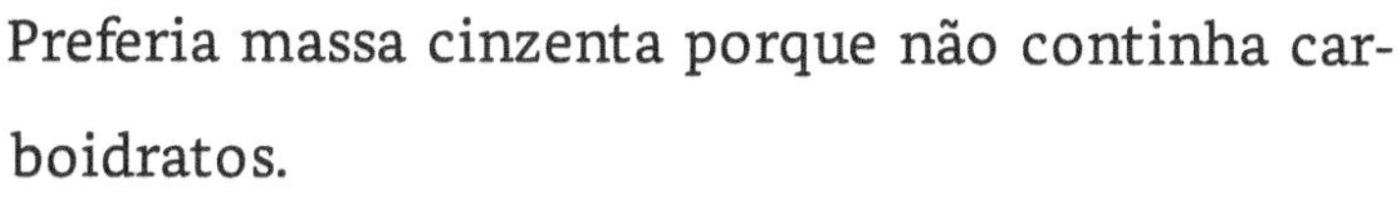

"Lave-me!" - assim foi manuscrito no vidro traseiro da viatura empoeirada. O crime estava ali, mas ainda faltava identificar um corpo.

A verdadeira História do Homem se dividiu em: Idade da Baba, Idade do Trago, Idade do Peso e Idade de Acabar Sozinho.

Camicase / Comi quase.

Arredou a pesada cômoda. Enrolou o tapete e o estendeu para outro lado. Mas, na hora de espanar o pó, percebeu que o porta-retratos adquirira o peso de uma catedral.

Já dancei contigo no meio da sala, bêbado, na penumbra, quando estavas em Nova Iorque e eu aqui, no mesmo apartamento de sempre.

O menino-das-pandorgas procura um de seus pássaros na arapuca do bambuzal.

A árvore desenha com sombra o domínio de sua morada.

Eram dois corações completamente desencontrados, mas na hora do gozo se alcançavam.

Deus criou o sexo sem culpa, mas não dava prazer.

Então, Adão e Eva improvisaram com o sexo com maçã.

Louquinha Digita: Ela – Elinha – com seus dedinhos de unhas lilás catava milho no teclado do computador. Pianíssima... Não, melhor... Suas mãos eram como duas aranhas brancas, nuas, mansas, carnudas, humanas, com sapatilhinhas de verniz metálico... Mãos de dedos-perninhas, professorinhas de jazz sapateado, hábeis no tc-tc improvisado de louca-cyber-teclado-literatura.

Sua agenda estava sempre lotada de compromissos vazios.

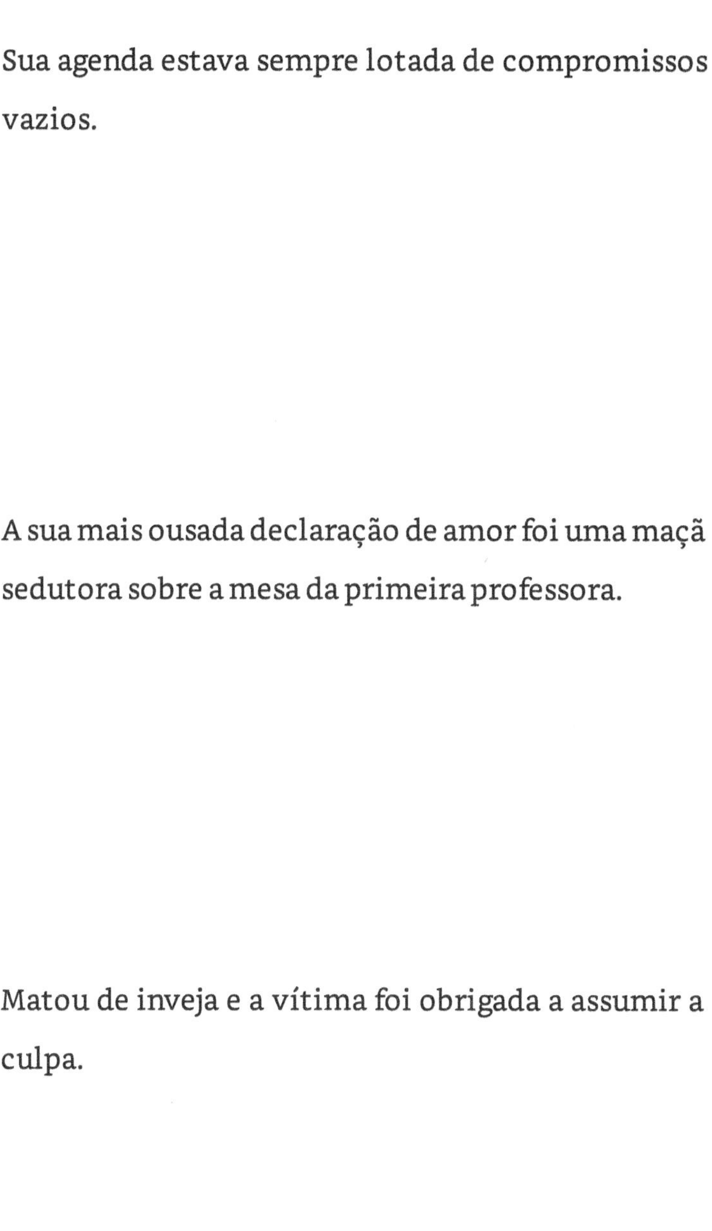

A sua mais ousada declaração de amor foi uma maçã sedutora sobre a mesa da primeira professora.

Matou de inveja e a vítima foi obrigada a assumir a culpa.

Os sonhos eram pássaros grifos que se empoleiravam nas guardas das camas para beliscar delírios.

Negou o beijo, mas ofertou o veludo do pescoço.

Nos primeiros fios de sol, o frescor da manhã solfeja pássaros. E o momento se espreguiça e se esp*i-i-i-i-i-i-i-i*cha nas espáduas do angorá.

MICROFINAL:

Kung-Fui-Me.

SOBRE O AUTOR

Soriano (Marcelo Melo Soriano) é natural de Santa Maria, coração do Estado do Rio Grande do Sul, Brasil. É um escritor ativo das redes sociais e mensageiros instantâneos, desde 1995. Possui formação acadêmica na área de engenharias. O autor possui três obras literárias publicadas no Brasil e uma nos países africanos de Língua Portuguesa:

- CANTO POEMAS: SOBRE MENINOS E PÁSSAROS / Soriano, M. M. & Gil, Isabel. Maputo: Alcance Editores, 2011.

- A SETE CHAVES: POEMAS / Soriano, M. M. et al. Santa Maria: Rio das Letras, 2015.

- IN VENTOS: TRATADO DE ALTA POESIA / Soriano, M. M. Santa Maria: Rio das Letras, 2017.